Renate Sültz & Uwe H. Sültz

Futter Tagebuch/Ernährungsplan
für
Haustiere

BoD - Books on Demand

Norderstedt 2017

Bibliografische Information durch die Deutsche Nationalbibliothek

Die Deutsche Nationalbibliothek verzeichnet diese Publikation in der Deutschen Nationalbibliografie; detaillierte bibliografische Daten sind im Internet über http://dnb.dnb.de abrufbar.

© 2017 Renate Sültz und Uwe H. Sültz

Herstellung und Verlag: BoD – Books on Demand, Norderstedt

ISBN 9-78374-3-19502-8

Vorwort:

Dieses Futter Tagebuch soll dokumentieren, wann und wieviel unsere Lieblinge Futter erhalten haben. Ob Hund, Katze, Maus oder Meerschweinchen und Fische. Die Erwachsenen haben so einen Ernährungsplan, um zu kontrollieren, dass ihr Hund nicht übergewichtig wird. Oder aber der Käfig des Meerschweinchens regelmäßig gereinigt wurde. Auch wann das Aquarium neues Wasser bekommen hat. Dies lässt sich in der letzten Spalte eintragen. Wir wünschen viel Freude und eine gute Gesundheit für Ihren Liebling oder Ihre Lieblinge!

Über mein Haustier/meine Haustiere

Wann geboren:

Wo erworben:

Welches Futter:

Welches Leckerchen:

Eigene Eintragung:

Mein Liebling heißt _____

Datum	zu Essen gab es	Uhrzeit	Leckerchen	Menge	Gramm	Kalorien	Auslauf

Mein Liebling heißt _____

Datum	zu Essen gab es	Uhrzeit	Leckerchen	Menge	Gramm	Kalorien	Auslauf

Mein Liebling heißt _____

Datum	zu Essen gab es	Uhrzeit	Leckerchen	Menge	Gramm	Kalorien	Auslauf

Mein Liebling heißt _____

Datum	zu Essen gab es	Uhrzeit	Leckerchen	Menge	Gramm	Kalorien	Auslauf

Mein Liebling heißt _____

Datum	zu Essen gab es	Uhrzeit	Leckerchen	Menge	Gramm	Kalorien	Auslauf

Mein Liebling heißt _____

Datum	zu Essen gab es	Uhrzeit	Leckerchen	Menge	Gramm	Kalorien	Auslauf

Mein Liebling heißt _____

Datum	zu Essen gab es	Uhrzeit	Leckerchen	Menge	Gramm	Kalorien	Auslauf

Mein Liebling heißt _____

Datum	zu Essen gab es	Uhrzeit	Leckerchen	Menge	Gramm	Kalorien	Auslauf

Mein Liebling heißt _____

Datum	zu Essen gab es	Uhrzeit	Leckerchen	Menge	Gramm	Kalorien	Auslauf

Mein Liebling heißt _____

Datum	zu Essen gab es	Uhrzeit	Leckerchen	Menge	Gramm	Kalorien	Auslauf

Mein Liebling heißt _____

Datum	zu Essen gab es	Uhrzeit	Leckerchen	Menge	Gramm	Kalorien	Auslauf

Mein Liebling heißt _____

Datum	zu Essen gab es	Uhrzeit	Leckerchen	Menge	Gramm	Kalorien	Auslauf

Mein Liebling heißt _____

Datum	zu Essen gab es	Uhrzeit	Leckerchen	Menge	Gramm	Kalorien	Auslauf

Mein Liebling heißt _____

Datum	zu Essen gab es	Uhrzeit	Leckerchen	Menge	Gramm	Kalorien	Auslauf

Mein Liebling heißt _____

Datum	zu Essen gab es	Uhrzeit	Leckerchen	Menge	Gramm	Kalorien	Auslauf

Mein Liebling heißt _____

Datum	zu Essen gab es	Uhrzeit	Leckerchen	Menge	Gramm	Kalorien	Auslauf

Mein Liebling heißt _____

Datum	zu Essen gab es	Uhrzeit	Leckerchen	Menge	Gramm	Kalorien	Auslauf

Mein Liebling heißt _____

Datum	zu Essen gab es	Uhrzeit	Leckerchen	Menge	Gramm	Kalorien	Auslauf

Mein Liebling heißt _____

Datum	zu Essen gab es	Uhrzeit	Leckerchen	Menge	Gramm	Kalorien	Auslauf

Mein Liebling heißt _____

Datum	zu Essen gab es	Uhrzeit	Leckerchen	Menge	Gramm	Kalorien	Auslauf

Mein Liebling heißt _____

Datum	zu Essen gab es	Uhrzeit	Leckerchen	Menge	Gramm	Kalorien	Auslauf

Mein Liebling heißt _____

Datum	zu Essen gab es	Uhrzeit	Leckerchen	Menge	Gramm	Kalorien	Auslauf

Mein Liebling heißt _____

Datum	zu Essen gab es	Uhrzeit	Leckerchen	Menge	Gramm	Kalorien	Auslauf

Mein Liebling heißt _____

Datum	zu Essen gab es	Uhrzeit	Leckerchen	Menge	Gramm	Kalorien	Auslauf

Mein Liebling heißt _____

Datum	zu Essen gab es	Uhrzeit	Leckerchen	Menge	Gramm	Kalorien	Auslauf

Mein Liebling heißt _____

Datum	zu Essen gab es	Uhrzeit	Leckerchen	Menge	Gramm	Kalorien	Auslauf

Mein Liebling heißt _____

Datum	zu Essen gab es	Uhrzeit	Leckerchen	Menge	Gramm	Kalorien	Auslauf

Mein Liebling heißt _____

Datum	zu Essen gab es	Uhrzeit	Leckerchen	Menge	Gramm	Kalorien	Auslauf

Mein Liebling heißt _____

Datum	zu Essen gab es	Uhrzeit	Leckerchen	Menge	Gramm	Kalorien	Auslauf

Mein Liebling heißt _____

Datum	zu Essen gab es	Uhrzeit	Leckerchen	Menge	Gramm	Kalorien	Auslauf

Mein Liebling heißt _____

Datum	zu Essen gab es	Uhrzeit	Leckerchen	Menge	Gramm	Kalorien	Auslauf

Mein Liebling heißt _____

Datum	zu Essen gab es	Uhrzeit	Leckerchen	Menge	Gramm	Kalorien	Auslauf

Mein Liebling heißt _____

Datum	zu Essen gab es	Uhrzeit	Leckerchen	Menge	Gramm	Kalorien	Auslauf

Mein Liebling heißt _____

Datum	zu Essen gab es	Uhrzeit	Leckerchen	Menge	Gramm	Kalorien	Auslauf

Mein Liebling heißt _____

Datum	zu Essen gab es	Uhrzeit	Leckerchen	Menge	Gramm	Kalorien	Auslauf

Mein Liebling heißt _____

Datum	zu Essen gab es	Uhrzeit	Leckerchen	Menge	Gramm	Kalorien	Auslauf

Mein Liebling heißt _____

Datum	zu Essen gab es	Uhrzeit	Leckerchen	Menge	Gramm	Kalorien	Auslauf

Mein Liebling heißt _____

Datum	zu Essen gab es	Uhrzeit	Leckerchen	Menge	Gramm	Kalorien	Auslauf

Mein Liebling heißt _____

Datum	zu Essen gab es	Uhrzeit	Leckerchen	Menge	Gramm	Kalorien	Auslauf

Mein Liebling heißt _____

Datum	zu Essen gab es	Uhrzeit	Leckerchen	Menge	Gramm	Kalorien	Auslauf

Mein Liebling heißt _____

Datum	zu Essen gab es	Uhrzeit	Leckerchen	Menge	Gramm	Kalorien	Auslauf

Mein Liebling heißt _____

Datum	zu Essen gab es	Uhrzeit	Leckerchen	Menge	Gramm	Kalorien	Auslauf

Mein Liebling heißt _____

Datum	zu Essen gab es	Uhrzeit	Leckerchen	Menge	Gramm	Kalorien	Auslauf

Mein Liebling heißt _____

Datum	zu Essen gab es	Uhrzeit	Leckerchen	Menge	Gramm	Kalorien	Auslauf

Mein Liebling heißt _____

Datum	zu Essen gab es	Uhrzeit	Leckerchen	Menge	Gramm	Kalorien	Auslauf

Mein Liebling heißt _____

Datum	zu Essen gab es	Uhrzeit	Leckerchen	Menge	Gramm	Kalorien	Auslauf

Mein Liebling heißt _____

Datum	zu Essen gab es	Uhrzeit	Leckerchen	Menge	Gramm	Kalorien	Auslauf

Mein Liebling heißt _____

Datum	zu Essen gab es	Uhrzeit	Leckerchen	Menge	Gramm	Kalorien	Auslauf

Mein Liebling heißt _____

Datum	zu Essen gab es	Uhrzeit	Leckerchen	Menge	Gramm	Kalorien	Auslauf

Mein Liebling heißt _____

Datum	zu Essen gab es	Uhrzeit	Leckerchen	Menge	Gramm	Kalorien	Auslauf

Mein Liebling heißt _____

Datum	zu Essen gab es	Uhrzeit	Leckerchen	Menge	Gramm	Kalorien	Auslauf

Mein Liebling heißt _____

Datum	zu Essen gab es	Uhrzeit	Leckerchen	Menge	Gramm	Kalorien	Auslauf

Mein Liebling heißt _____

Datum	zu Essen gab es	Uhrzeit	Leckerchen	Menge	Gramm	Kalorien	Auslauf

Mein Liebling heißt _____

Datum	zu Essen gab es	Uhrzeit	Leckerchen	Menge	Gramm	Kalorien	Auslauf

Mein Liebling heißt _____

Datum	zu Essen gab es	Uhrzeit	Leckerchen	Menge	Gramm	Kalorien	Auslauf

Mein Liebling heißt _____

Datum	zu Essen gab es	Uhrzeit	Leckerchen	Menge	Gramm	Kalorien	Auslauf

Mein Liebling heißt _____

Datum	zu Essen gab es	Uhrzeit	Leckerchen	Menge	Gramm	Kalorien	Auslauf

Mein Liebling heißt _____

Datum	zu Essen gab es	Uhrzeit	Leckerchen	Menge	Gramm	Kalorien	Auslauf

Mein Liebling heißt _____

Datum	zu Essen gab es	Uhrzeit	Leckerchen	Menge	Gramm	Kalorien	Auslauf

Mein Liebling heißt _____

Datum	zu Essen gab es	Uhrzeit	Leckerchen	Menge	Gramm	Kalorien	Auslauf

Mein Liebling heißt _____

Datum	zu Essen gab es	Uhrzeit	Leckerchen	Menge	Gramm	Kalorien	Auslauf